AF233833

NOTICE

SUR

LA GALATÉE

DE M. GIRODET-TRIOSON.

AVEC LA GRAVURE AU TRAIT.

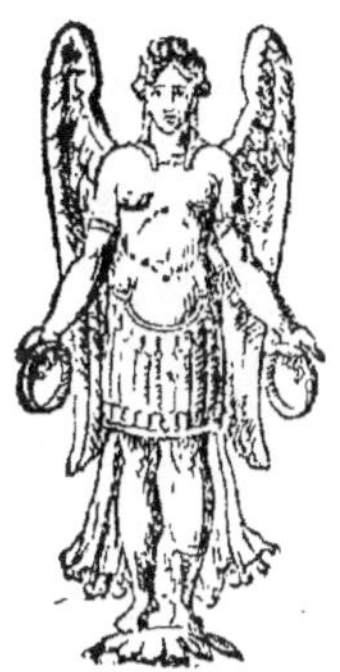

PARIS,

DE L'IMPRIMERIE DE PILLET AINÉ,

RUE CHRISTINE, N° 5.

1819.

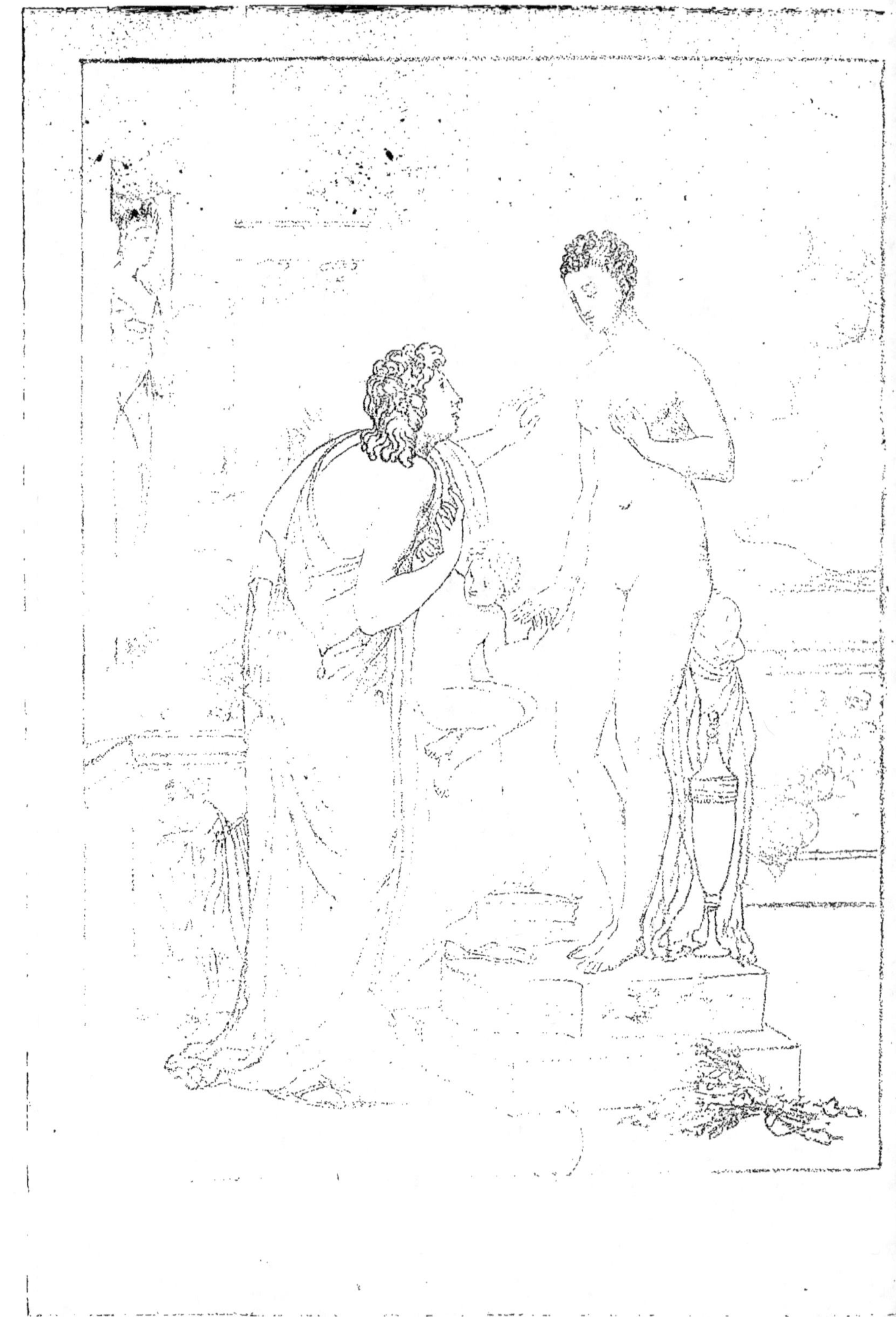

NOTICE

sur

LA GALATÉE

DE M. GIRODET-TRIOSON.

—

Cette année paraissait devoir être fatale à notre
Musée : beaucoup de compositions médiocres, beaucoup de mauvaises, très-peu de bonnes, et encore...

De loin en loin, au milieu de ces productions noi-
res, grises, mal dessinées, mal conçues, on aperce-
vait quelques tableaux heureux, on concevait quelques
espérances, il restait beaucoup de souvenirs.

M. Gérard n'avait rien exposé, car deux portraits
devaient-ils être comptés pour quelque chose à l'au-
teur de *l'Entrée d'Henri IV à Paris* ?

Restait M. Girodet ; et sa *Galatée* faisait l'espé-
rance du Salon. Déjà les journaux en avaient fait l'é-
loge, des personnes privilégiées avaient pu l'admirer
dans l'atelier du peintre. Elles avaient dit, *c'est su-*
perbe, et on répétait, *c'est superbe*. L'avez-vous vu ?
— Non, mais *c'est superbe*.

Elle paraît enfin , et elle soutient sans peine la réputation qui la précède. Mais avant d'en faire l'analyse , jetons un coup-d'œil sur la fable pour mieux juger le parti que le peintre en a tiré.

Pygmalion * était un sculpteur d'Amathonte. Les débauches , l'impudicité des *Propétides* , habitantes de cette île ** , lui firent jurer de n'aimer aucune femme. Retiré dans son atelier , il s'occupait à perfectionner une statue de marbre blanc , représentant la nymphe Galatée.

Quand Pygmalion eut achevé son ouvrage , il en devint éperdument amoureux , et Vénus , à sa prière , anima la nymphe qu'il avait formée. Il épousa Galatée , et en eut un fils nommé Paphus , qui donna son nom à l'île de Paphos.

Cette fiction ingénieuse est une des plus brillantes fables de l'antiquité , et un des passages les plus gracieux d'Ovide.

Tout le monde connaît le monologue lyrique de Jean-Jacques , où il rend avec tant d'énergie le délire et les tourmens de Pygmalion ; cette scène est un chef-d'œuvre , mais j'aime encore mieux Ovide quand il fait animer la statue par un baiser de son amant. C'était de cette manière qu'elle devait recevoir l'existence , et il n'est rien de plus voluptueux que les vers du poète latin , quand il dépeint le marbre s'échauffant

* OVIDE, *Métamorphoses*, livre X , chap. 6.

** Elles avaient nié la divinité de Vénus ; cette déesse, pour les punir , leur inspira l'ardeur de la prostitution.

et s'animant par degrés sous le feu des baisers dont Pygmalion le couvre. Il est assez étonnant que Demoustier, dans ses *Lettres sur la Mythologie*, ne dise pas un mot de ce sujet.

Dans le tableau, Pygmalion, après avoir terminé la statue, l'a déposée dans le lieu le plus retiré de sa maison, où étaient les pénates et l'image de Vénus. C'est devant la déesse qu'il a placé sa Galatée, il désire le miracle, il ose l'espérer. Des parfums brûlent au pied de l'autel. Il a pris sa lyre, il implore celle qui anime l'univers. Ses vœux sont exaucés : une auréole lumineuse brille sur le front de la déesse. Le ciel s'ouvre, l'Amour descend, les flots d'une lumière éclatante et céleste inondent le sanctuaire.

Deus, ecce Deus !

Le miracle s'opère, la vie a pénétré au cœur de la statue, et se répand dans tout son beau corps. La lyre échappe des mains de Pygmalion : l'étonnement, l'espoir, le désir, l'ivresse se peignent sur ses traits. Sa main s'arrête, et craint d'interrompre le prodige.

La statue s'anime, les joues se colorent d'un incarnat léger. Le cœur a palpité, la main gauche est venue écouter ce mouvement inconnu, et le sein timide cède au doigt qui l'interroge.

Cependant l'Amour, suspendu avec grâce entre les deux personnages, les touche de chaque main, et va les unir. La commotion électrique s'est fait sentir. La main droite de Galatée cède, se colore d'un feu plus vif, le genou droit ressent aussi les effets de la proximité du Dieu, la vie y a pénétré plutôt que dans l'autre.

Les pieds sont encore d'albâtre. Par une idée bien heureuse, le pied de Pygmalion vient former opposition avec les extrémités inanimées. Cependant il eût été pénible de voir des pieds de marbre comme le socle qui les soutient. Aussi n'ont-ils pas la même couleur, et s'ils ne sont pas encore vivans, déjà ils ne sont plus de pierre.

Mais Pygmalion ne regarde ni l'Amour, ni le mouvement de Galatée; il est attaché aux yeux de son amante; c'est là qu'il attend l'éclair de la vie. Ces yeux sont encore baissés, mais ils vont s'ouvrir. Comme il sera doux, leur premier regard! l'amour et la pudeur, le plaisir et l'innocence, vont y respirer. Déjà la bouche sourit de ce sourire inexprimable qui convenait à cette vierge céleste, et qui répand une harmonie suave sur toute la composition.

Les cheveux sont blonds et relevés en tresses sur le sommet de la tête. Le spectateur est dans le doute si les reflets blanchâtres sont l'effet de la lumière ou les restes du marbre qui n'est pas encore animé. Mais ce doute même est la grande magie du tableau, et l'idée la plus ingénieuse du peintre.

Toute la Galatée se dessine sur un fond clair, et elle s'en détache parfaitement sans ombres ni dureté. Comment cela s'est-il pu faire? Demandez-le à M. Girodet. La fumée des parfums qui brûlent devant la statue de Vénus , cette vapeur légère et bleuâtre qui flotte dans le lointain sur les contours arrondis des montagnes, et que dore légèrement le coucher du soleil ; les colonnes d'un temple qui apparaît à travers ces brouillards incertains , forment une perspective vague et délicieuse.

Les accessoires sont traités avec le plus grand goût. Des bas-reliefs représentant des sujets gracieux sont sculptés sur le socle. Le cippe qui soutenait la statue est recouvert de vêtemens, et un bouquet de roses et de myrthe est tombé sur le devant du tableau.

On a dit que si le peintre avait mis l'Amour dans Pygmalion, il n'aurait pas eu besoin de le mettre à côté. Mais d'abord , dans la mythologie, l'Amour est un être réel et non idéal ; il était donc impossible de s'en passer. Ce dieu est l'ame du tableau , il en fait toute l'action ; mais quand il y serait déplacé, il est si joli , si malin, si Amour, enfin, qu'on ne consentirait pas à le voir enlever. J'en appelle à toutes les dames, et le censeur qui , après l'avoir vu , aura le courage de le blâmer , mériterait qu'il n'y fût pas.

Une morbidesse gracieuse est répandue sur tout le tableau et en fait le principal caractère. La nymphe est imitée de la Vénus de Praxitèle ; mais la tête est française, et d'un style particulier. La naïveté, l'élégance des contours, le prestige du coloris, la dégradation insensible qui indique le passage de la mort à la vie, la magie avec laquelle la lumière est distribuée, font de ce tableau un véritable miracle. La draperie rouge qui dessine les formes de Pygmalion est d'une grande richesse et savamment disposée. La tête est pleine d'expression, les cheveux sont jetés avec grâce et sans apprêt.

On a demandé pourquoi le peintre n'avait pas placé auprès du sculpteur quelques instrumens de sa profession. Sans doute, pour qui ne pouvait rien de mieux, un ciseau et un maillet auraient été des attributs nécessaires pour suppléer au talent, et on voit des peintres qui ne reconnaissent pas un berger sans sa houlette, une Minerve sans le casque, une Diane sans le croissant. Mais outre que ces moyens sont froids et insignifians, ils eussent été déplacés dans le tableau dont nous nous occupons. Depuis long-tems Pygmalion n'est plus sculpteur, il est amant, et amant passionné. Pourquoi, d'ailleurs, aurait-il un ciseau ? qu'en ferait-il ? n'est-elle pas parfaite ?

Cet ouvrage fera époque dans l'Ecole française ; mais le public ne pourra pas long-tems jouir de sa vue. Le tableau a été acheté par M. de Sommariva, et ira orner la galerie d'un étranger. Quel dommage !

www.ingramcontent.com/pod-product-compliance
Lightning Source LLC
LaVergne TN
LVHW010252030726
842520LV00007B/2901